L'horoscope de la Révolution.

Michel Armand Sallo Desvarennes

L'horoscope de la Révolution.
Sallo Desvarennes, Michel Armand
ESTCID: T075374
Reproduction from British Library
Anonymous. By Michel Armand Sallo Desvarennes. Colophon: A Londres, chez lechcim dnamra ollas senneravsed, Hôtel de Calonne. Probably printed in Paris.
Londres [i.e. Paris?] : et se trouve à Paris, chez les impartiaux, 1790.
62p. ; 8°

Eighteenth Century
Collections Online
Print Editions

Gale ECCO Print Editions

Relive history with *Eighteenth Century Collections Online*, now available in print for the independent historian and collector. This series includes the most significant English-language and foreign-language works printed in Great Britain during the eighteenth century, and is organized in seven different subject areas including literature and language; medicine, science, and technology; and religion and philosophy. The collection also includes thousands of important works from the Americas.

The eighteenth century has been called "The Age of Enlightenment." It was a period of rapid advance in print culture and publishing, in world exploration, and in the rapid growth of science and technology – all of which had a profound impact on the political and cultural landscape. At the end of the century the American Revolution, French Revolution and Industrial Revolution, perhaps three of the most significant events in modern history, set in motion developments that eventually dominated world political, economic, and social life.

In a groundbreaking effort, Gale initiated a revolution of its own: digitization of epic proportions to preserve these invaluable works in the largest online archive of its kind. Contributions from major world libraries constitute over 175,000 original printed works. Scanned images of the actual pages, rather than transcriptions, recreate the works *as they first appeared.*

Now for the first time, these high-quality digital scans of original works are available via print-on-demand, making them readily accessible to libraries, students, independent scholars, and readers of all ages.

For our initial release we have created seven robust collections to form one the world's most comprehensive catalogs of 18th century works.

Initial Gale ECCO Print Editions collections include:

History and Geography
Rich in titles on English life and social history, this collection spans the world as it was known to eighteenth-century historians and explorers. Titles include a wealth of travel accounts and diaries, histories of nations from throughout the world, and maps and charts of a world that was still being discovered. Students of the War of American Independence will find fascinating accounts from the British side of conflict.

Social Science
Delve into what it was like to live during the eighteenth century by reading the first-hand accounts of everyday people, including city dwellers and farmers, businessmen and bankers, artisans and merchants, artists and their patrons, politicians and their constituents. Original texts make the American, French, and Industrial revolutions vividly contemporary.

Medicine, Science and Technology
Medical theory and practice of the 1700s developed rapidly, as is evidenced by the extensive collection, which includes descriptions of diseases, their conditions, and treatments. Books on science and technology, agriculture, military technology, natural philosophy, even cookbooks, are all contained here.

Literature and Language
Western literary study flows out of eighteenth-century works by Alexander Pope, Daniel Defoe, Henry Fielding, Frances Burney, Denis Diderot, Johann Gottfried Herder, Johann Wolfgang von Goethe, and others. Experience the birth of the modern novel, or compare the development of language using dictionaries and grammar discourses.

Religion and Philosophy
The Age of Enlightenment profoundly enriched religious and philosophical understanding and continues to influence present-day thinking. Works collected here include masterpieces by David Hume, Immanuel Kant, and Jean-Jacques Rousseau, as well as religious sermons and moral debates on the issues of the day, such as the slave trade. The Age of Reason saw conflict between Protestantism and Catholicism transformed into one between faith and logic -- a debate that continues in the twenty-first century.

Law and Reference
This collection reveals the history of English common law and Empire law in a vastly changing world of British expansion. Dominating the legal field is the *Commentaries of the Law of England* by Sir William Blackstone, which first appeared in 1765. Reference works such as almanacs and catalogues continue to educate us by revealing the day-to-day workings of society.

Fine Arts
The eighteenth-century fascination with Greek and Roman antiquity followed the systematic excavation of the ruins at Pompeii and Herculaneum in southern Italy; and after 1750 a neoclassical style dominated all artistic fields. The titles here trace developments in mostly English-language works on painting, sculpture, architecture, music, theater, and other disciplines. Instructional works on musical instruments, catalogs of art objects, comic operas, and more are also included.

biblio life
old books. new life.

The BiblioLife Network

This project was made possible in part by the BiblioLife Network (BLN), a project aimed at addressing some of the huge challenges facing book preservationists around the world. The BLN includes libraries, library networks, archives, subject matter experts, online communities and library service providers. We believe every book ever published should be available as a high-quality print reproduction; printed on-demand anywhere in the world. This insures the ongoing accessibility of the content and helps generate sustainable revenue for the libraries and organizations that work to preserve these important materials.

The following book is in the "public domain" and represents an authentic reproduction of the text as printed by the original publisher. While we have attempted to accurately maintain the integrity of the original work, there are sometimes problems with the original work or the micro-film from which the books were digitized. This can result in minor errors in reproduction. Possible imperfections include missing and blurred pages, poor pictures, markings and other reproduction issues beyond our control. Because this work is culturally important, we have made it available as part of our commitment to protecting, preserving, and promoting the world's literature.

GUIDE TO FOLD-OUTS MAPS and OVERSIZED IMAGES

The book you are reading was digitized from microfilm captured over the past thirty to forty years. Years after the creation of the original microfilm, the book was converted to digital files and made available in an online database.

In an online database, page images do not need to conform to the size restrictions found in a printed book. When converting these images back into a printed bound book, the page sizes are standardized in ways that maintain the detail of the original. For large images, such as fold-out maps, the original page image is split into two or more pages

Guidelines used to determine how to split the page image follows:

- Some images are split vertically; large images require vertical and horizontal splits.
- For horizontal splits, the content is split left to right.
- For vertical splits, the content is split from top to bottom.
- For both vertical and horizontal splits, the image is processed from top left to bottom right.

L'HOROSCOPE DE LA RÉVOLUTION.

Tunc etiam fatis aperit Cassandra futuris,
Ora, dei jussu non unquam credita Teucris.
   Virgile, Énéide, liv. 2.

A LONDRES;

Et se trouve à Paris,

CHEZ LES IMPARTIAUX,

1790.

L'HOROSCOPE
DE LA
RÉVOLUTION.

Quand un grand nombre d'abus minent sourdement un royaume considérable, et menacent visiblement de le détruire, que ses fondemens, ébranlés par de fréquentes et violentes secousses, annoncent un péril imminent, quand les impôts, progressivement accumulés, et injustement distribués, l'écrasent de leur énorme masse, que les revenus de l'État, non surveillés, deviennent la proie de l'avidité, de l'artifice, de la rampante bassesse, et même souvent de la scélératesse; que la sueur, les larmes et le sang du Peuple, tyranniquement pressuré, engraissent de leur principale substance des milliers de sang-sues, qui trompent ainsi les réservoirs déstinés à les recevoir, que les foibles portions, qui s'échappent de leurs mains rapaces, se traînent lentement et avec peine vers le trésor royal, qu'elles sont d'ailleurs toujours dévolues d'avance par ces ruineuses anticipations, instrumens de la cupidité, quand ainsi une faible partie d'un puissant royaume dévore le reste de l'empire, et réduit aux abois le Peuple, cette portion redoutable, sur-tout quand la nécessité et le désespoir le guident, ce Peuple, qui seul est la source de la gloire et de la prospérité des royaumes; est-ce en trompant ce Peuple, qui est tout, qui constitue la puissance et la force des autres corps, ce Peuple, qui sent aujourd'hui que tout doit céder, que tout est subordonné à son intérêt le plus dominant de tous; est-ce en augmentant son épuisement, est-ce en le rendant fanatiquement crédule, qu'on extirpera tous les vicieux résultats d'une administration trop compliquée, qu'on simplifiera une foule monstrueuse d'impôts, si obscurs dans leurs détails, et si injustement répartis? Aux grands maux les grands remèdes, me dira-t-on; mais je répondrai, qu'il ne faut pas créer pour les grands remèdes les grands maux. Qu'a-t-on fait jusqu'ici pour ce Peuple? Quels avantages retire-t-il des opérations actuelles? Ne devoit-on pas s'occuper de lui seul, avant toutes choses, ne voir que lui, ne travailler que pour lui? *Salus populi suprema lex esto.* Ne pouvait-on pas, pour y parvenir, avant de rien supprimer, de rien retrancher, de rien abattre, commencer à édifier un solide bâtiment à côté de celui qui menaçait ruine; à le distribuer savamment dans toutes ses proportions, pour le rendre aussi utile qu'agréable; à ménager si parfaitement ses communications, que l'accès en fût facile, et ses débouchés aisés? Au lieu de ces salutaires précautions, qu'a-t-on fait? L'autorité des lois aneantie, languissait au milieu des désordres, de la licence et de la terreur des brigandages, pendant les secousses qu'occasionne un soulévement général. On croit y mettre un frein, en créant de nouvelles loix, et on néglige l'établissement des tribunaux, pour les faire respecter. On finira par où on devait commencer, si toutefois la possibilité le permet. D'un autre côté, l'Etat énervé, avait besoin de restaurans, de cordiaux, et on le met à une diète forcée. La balance des recettes avec les dépenses fixait le déficit à 56 millions; pour y remédier, au lieu d'accepter avec reconnaissance le plan réfléchi et raisonné des réformes et améliorations présenté par M. Necker, qui les faisait disparaître, on éteint méchamment le flambeau que sa main bienfaisante avait allumé pour le bonheur de la Nation, et pour la guider dans ce ténébreux dédale, dont lui seul pouvait surement indiquer les routes secrettes, et dévoiler les mystérieuses iniquités. On supprime des impôts, du fardeau desquels on ne sera pas soulagé à l'avenir. Cette suppression se fait dans un moment de détresse, sans s'être occupé d'un remplacement sagement réfléchi et judicieusement combiné, et surtout sans avoir médité les moyens d'effacer les traces de leurs funestes ravages. On rejette, sans motifs, le projet soulageant d'en faire supporter une partie à l'étranger, et d'asseoir le surplus, par un procédé simple, et aucunement onéreux, seul moyen d'en affranchir le Peuple. Il était cependant bien facile de remédier aux abus, sans compromettre la fortune des citoyens, et sans réduire le Peuple, au milieu des illusions, à la plus inquiétante perplexité.

J'entends de tous côtés des citoyens trompés par une chimérique espérance, me dire qu'on déploie journellement avec succès tous les efforts du génie, toute la prévoyance de l'esprit, toutes les ressources de l'imagination, pour détruire les abus, mais que malheureusement des caractères pervers opposent, à l'infatigabilité d'un travail opiniâtre, toutes les ruses de l'intrigue, toute l'astuce d'une infernale politique, pour enchaîner la vigilante sagacité des amis de la Nation. Cependant, je n'ai apperçu jusqu'ici que de pernicieux palliatifs, qui ont aigri le mal, sans arrêter les progrès de la gangrenne, qui de jour à autre augmente l'excès de sa putréfiante dissolution. Le déficit, pomme de discorde, et la pierre de scandale qui a mis en mouvement tous les incompréhensibles évènemens qui tiennent le génie éveillé, et le laissent se débattre au milieu d'une insurmontable adversité, n'est pas anéanti, il s'aggrave au contraire visiblement, car, les quatre cens millions prélevés sur les biens du Clergé, sont déjà dissipés, avant que ces biens soient vendus, et sans avoir servi a éteindre aucune des dettes de l'État. D'un autre côté, la perception des impôts directs ou indirects se ralentit, leur rentrée devient de plus en plus difficile, ajoutez, à cette calamité, le revirement de l'impôt des cuirs, qui va abusivement s'étendre sur le Peuple, en proportion de sa cote taillable, pendant que précédemment il s'en trouvait affranchi. Qui sont en effet ceux qui profiteront de ce revirement ? Ce sont les fabriquans seuls, qui n'en vendront pas leur marchandise à meilleur marché. Cet impôt d'ailleurs, n'était ci-devant supporté que par les riches, puisque la majeure partie du Peuple de la campagne, qui forme la masse majeure du royaume, ne porte que des *sabots*. On change encore, d'un autre côté, l'assiette de l'impôt sur les amidons, papiers, huiles, etc. Quel avantage trouve-t-on à dénaturer le mode d'une imposition mise sur le luxe, et supportée uniquement par le riche, pour en faire refluer une partie sur la classe du Peuple. Ne peut-il pas représenter, avec justice, qu'il paiera un impôt à la décharge de l'opulence ? car elle seule use des objets sujets à ces impôts. C'est donc ainsi que les canaux de la finance, misérablement obstrués, s'engorgent de plus en plus. Est-il étonnant que ses sources se tarissent, puisque les moyens de les réveiller sont sur le point de manquer absolument. Il est notoire que ceux adoptés et mis en pratique, sont reconnus, par l'opinion publique (le meilleur juge du monde) définitivement insuffisans. Ils irritent les alarmes, accroissent le découragement, sement la terreur. L'œil fatigué, en errant dans le plus vaste désert, l'imagination aux abois dans cette glaçante solitude, n'entrevoient pour toutes ressources que les désespérans effets de cette impérieuse nécessité, qui menace du dernier des attentats les pitoyables restes et les débris des fortunes échappées à la hache des mutilations. Le seul port assuré qui présente un abri contre la plus redoutable tempête que la France ait éprouvée, est, pour comble de malheur, consacré à la fatalité, et gardé par la tête de Méduse.

C'est cependant au milieu de ces calamiteuses extrémités, que le Peuple, qu'on trompe indignement reste toujours émerveillé de son état. En lisant délicieusement, mais sans pénétration, dans l'avenir, il supporte héroïquement toutes les horreurs de son état actuel, il fixe avec empressement son œil sur le microscope de l'illusion; il croit y entrevoir les rayons du bonheur; il en jouit par anticipation, il se persuade que le Génie tutélaire de la France va se presser de faire sortir, de la boîte de Pandore, la prospérité et la félicité, que mises en mouvement par l'effet de son active puissance, elles vont s'élancer, pour aller couvrir des plus belles fleurs les ruines de ces antiques édifices que la coupable main de la Chimère a fait écrouler, il a mé à se persuader qu'il jouira bientôt par ce moyen de tous les inestimables avantages de l'âge d'or. Dans son ivresse, il caresse le tems, qui, de ses mains barbares, renverse, détruit et abolit ces établissemens, qui, dans les tems difficiles et calamiteux, lui assuraient de fécondes ressources et un préservatif assuré contre les atteintes du désespoir ; fier de son stupide aveuglement, sa pétulante férocité le conduit ainsi d'erreurs en erreurs.

Pauvre Peuple ! dont la triste situation m'afflige, quand finira donc ton malheureux sort ? Ci-devant victimé par le pouvoir arbitraire, écrasé progressivement d'impôts par ses suppôts inhumains, qui se faisoient gloire d'inventer d'infernaux moyens de te pressurer ; d'un autre côté, toujours aux prises et malheureusement en proie aux excès d'une détériorante féodalité, tu souriais cependant par fois, en dévorant un pain noir, dur et souvent moisi, et presque toujours trempé de ta sueur. Aujourd'hui, trompé par ceux qui courbent ta vacillante volonté sous l'effort de leur opinion opprimante, manquant souvent de ressources pour te procurer ce pain défectueux qui soutient ta frêle existence, tu étouffes tes gémissemens, au milieu de ces simulacres d'un bonheur factice, dont on repaît ton inexpérience, et avec lequel on électrise ton imagination éblouie et exaltée! Mais considères un moment ton semblable, qui, loin des regards et des secours de la Capitale, mangeant depuis long-tems le pain à cinq sols la livre, se couche trop souvent sans pouvoir calmer les déchirantes souffrances de la faim, qui, pressé par le désespoir, maudit la fécondité de sa malheureuse compagne, en voyant sa famille naissante, minée par degré, se transformer en squélettes ambulans et traîner, en chancelant, une déplorable existence. Ignores-tu qu'il a appris, dans une aussi affreuse position, à mettre des bornes à la Providence, et qu'il fait ainsi une plaie funeste à l'État? Te figures-tu qu'il puisse, environné de misère, se familiariser avec des spéculations consolantes? Regardes plus loin ce laborieux Commerçant, qui faisoit couler des ruisseaux d'or et d'argent, par mille petits canaux qui fertilisaient l'État et contribuaient à sa splendeur, gémir en voyant ces sources bienfaisantes, taries par la fatalité des circonstances. N'éprouves-tu pas une sorte de frémissement et de douleur de cette suppression de travaux, jadis si prospérans ? Calcules, si tu le peux, les progrès de la désolation que l'inaction accidentelle de ce Commerçant va causer, en circulant dans les différentes classes que son industrie fertilisait. Pénètre-toi, sur-tout de la terreur qu'imprime dans le commerce le terrible accaparement du numéraire, qui alimente l'affreux et obscur agiotage, fléau destructeur de la prospérité publique. Voilà la cause déplorable des périlleux expédiens qui alarment toute la Nation. Vois les coffres-forts de tous les Capitalistes fermés, les porte-feuilles scellés, les trésors enfouis, le numéraire s'éclipsant à mesure qu'il sort de dessous le balancier, le crédit luttant contre la défiance. Juges ensuite de l'effet des funestes spéculations d'avidité, des combinaisons de cupidité, et tu cesseras d'être étonné que tant de précautions aussi alarmantes répandent l'effroi dans toutes les classes qui contribuaient à la gloire et à la prospérité de l'Etat. Que reste-t-il, en effet, de cette brillante splendeur qui frappait de surprise l'Etranger, qui venait, des quatre parties du monde, admirer notre merveilleuse industrie ? Rien. Le commerce corrodé va assassiner l'industrie et faire tomber en léthargie l'agriculture; car, sans commerce point d'agriculture. Tous les états naufragés, en détail, font d'inutiles efforts pour arracher à la voracité des circonstances les débris de leur fortune despotiquement dilapidée, et tyranniquement disséquée, sans que l'Etat qu'on réduit, par de violentes convulsions, dans des crises de suffocation, en respire plus librement, malgré les innombrables sacrifices que le patriotisme et un dévouement politique ont prodigués !

Faut-il s'étonner, si on voit le désespoir lutter si périlleusement, sans craindre les dangers qui le pressent et l'aiguillonnent ? Enfin, sur qui tombe et tombera tout le poids onéreux de ces rameaux infinis de calamité? C'est, Français. c'est sur le Peuple qui, manquant d'ouvrage, est condamné à ne vivre que de charités ! Eh ? quelles charités peut-il espérer et attendre dans une calamité générale ?

Est-il donc étonnant que ce Peuple, que le malheur rend méfiant, révolté d'ailleurs par l'excès de ses souffrances, ait de fréquens accès de désespoir? Que fera-t-il donc, quand il se verra sans espérances ?

N'est-il pas naturel qu'il conçoive des idées d'horreur contre tous ceux qui lui paroissent opulens, riches ou aisés, pendant qu'il gémit, entravé par les souffrances? N'est-ce pas le résultat des affligeantes comparaisons qu'il fait, et que, par des motifs médités, on s'efforce de lui inspirer? L'idée du bonheur d'autrui pèse sur sa déplorable situation ; voilà ce qui engendre ces féroces excès auxquels il se livre, dans les tumultueuses agitations qui l'ébranlent. D'un autre côté, de pernicieux intrigans abusent des circonstances pour l'égarer par des écrits incendiaires, par des secousses forcées, qui le jettent ainsi, au gré de leur passion, dans des mouvemens convulsifs dont ils guident, étendent et maîtrisent les effets. De-là, ces atrocités qui font frissonner l'humanité, et dignes de figurer dans les siècles barbares de la sauvage antiquité. De là cet éveil momentané, artificieusement préparé et insidieusement mis en action, avec lequel on peut ordonner les assassinats et provoquer les massacres au gré de la passion. De là, tous les attentats dont le premier intrigant en crédit donnera le signal, quand il sera assuré de pouvoir faire fermenter les passions, pour les faire servir contre ceux qu'une aveugle prévention poursuit. De-là, des humiliations inévitables que la jalousie, et sur-tout la haine et la vengeance que cette première engendre, prodiguent au mérite écrasé sous l'effort de la multitude subjuguée. De-là enfin, des malheurs certains, que la perversité fera éclore, pour couronner toutes ces monstruosités.

Ce sera cependant sur ce monceau révoltant de ruines sanglantes, et de ces décombres qui font frissonner, qu'il sera consolant de contempler l'aurore de ces jours régénérants, de ces jours de paix, d'union, d'harmonie et de concorde, de ces jours d'une prospérité durable! Ce sera alors qu'une main invisible élevera un brillant et solide édifice, dont les matériaux enveloppés actuellement d'un nuage épais sont invisibles. Ils ne craignent pas l'avidité des recherches de la perversité, ils échapperont encore à celles de la témérité, pour n'être enfin accessibles qu'aux mains de la bienfaisance, qui sera l'architecte de ce monument glorieux.

Quel est le mortel qui, dans les circonstances actuelles, où la persécution marche sous l'étendart d'une liberté illusoire, sera assez courageux, assez intrépide pour braver les éclats de la foudre, menaçant quiconque osera

dévoiler les secrets du tems ? Quel sera celui qui, défiant le tonnerre, aura l'audacieuse témérité de s'emparer, d'un bras vigoureux, et de lever avec confiance le voile qui rend ses décrets inpénétrables? Qui sera le bienfaisant mortel qui, parcourant le livre des oracles du destin, en fera lire à la Nation les occultes secrets? Qui ? ce sera moi : oui, moi, l'ami le plus ardent de l'humanité affligée, le zélé consolateur d'une Nation agitée entre l'espérance et une vexante incertitude ; moi, le spectateur tranquille, et, par conséquent, impartial, d'une révolution qui tyranise les opinions des uns, et altère les idées des autres ; moi, qui ai calculé, sans passion, sa juste durée, avant de consulter le livre des destinées ; moi, qui ai entrevu l'époque où elle fera place à des opérations plus prospérantes ; ce sera moi qui enfin, agréablement éclairé, pourrai donc faire publiquement à mon légitime Souverain, au meilleur des humains, au plus brave homme de l'Empire Français, l'hommage de mon entier dévouement, de mon respect et de ma vénération. Oui, mon Roi, je me trouve glorieux de pouvoir vous déclarer, en face de la Nation, que vous régnez, encore plus sur mon cœur, que sur mes possessions. C'est
avec

avec cette joie pure et non équivoque, avec cette puissante émotion, avec ce tendre attendrissement qu'on sent mieux qu'on ne peut exprimer, que je vous paye, avec délices, le tribut du plus vif, du plus ardent et du plus pur amour. Apprenez que le Destin ne tardera pas à se lasser de persécuter l'homme le plus vertueux et le plus respectable de l'Empire Français. A des jours orageux succéderont enfin des jours de prospérité ; des jours dignes de votre cœur ; des jours qui feront votre consolation et votre félicité, parce qu'ils feront le bonheur de vos Sujets.

C'est alors que vous obtiendrez de leur affection tout par principe d'honneur, par ces sentimens d'honneur dont vous donnez l'exemple, ainsi que de toutes les vertus, par cet honneur qui, stimulant de son puissant aiguillon toutes les classes de votre empire, fera la gloire et la sûreté de votre état, par cet honneur à qui seul il faut destiner les grandes dignités, et décerner les plus brillantes distinctions. C'est ainsi que vous mettrez en activité le plus déterminant des véhicules, pour en étendre les régénérans effets. Que, par la suite des tems, le serment dont l'auguste caractère doit imprimer à tous les véritables

B

Français cette commotion émouvante, cet agréable frémissement, ce doux battement de cœur, un peu plus précipité, mais dont l'impulsion qui tient au sentiment, est un délice quand on se voue à la Patrie, au soutien de ses Lois, et par conséquent à son Roi, qui est et doit-être le Père de sa Nation, et qui le sera toujours irrévocablement quand l'honneur sera, après Dieu, sa Divinité et celle de l'Empire. que ce serment si important et si obligatoire soit fait sur cet honneur qui sera le tombeau de tous les vices, qu'on y procède, sur-tout, avec l'appareil le plus majestueux et dans un jour consacré à la solemnité la plus recherchée, qu'on le fasse en prenant Dieu et la Nation à témoins, que chaque année tous les candidats, pénétrés de respect et de vénération pour la cérémonie la plus solemnele de l'empire, avant de proférer ce redoutable serment, acquièrent l'irrévocable certitude, que si un d'eux était asez lâche, assez dépravé pour se parjurer, il ne pourra trouver sur la terre aucun endroit où sa conscience ne fasse pas son supplice; qu'on lui apprenne de bonne heure qu'il ne trouvera aucun lieu pour y ensévelir sa honte, aucun asyle où il puisse cacher son ignominieuse turpitude ; qu'on prépare la jeunesse, dès l'enfance, par la force de l'exemple à figurer avec énergie à cette superbe cérémonie; qu'elle brûle du desir de toucher à cet âge où elle jouira du bonheur de faire de cœur et d'ame, l'acte le plus important pour la société. Mais qu'on se garde bien de prodiguer ce serment, qui ne doit avoir lieu qu'une fois dans la vie. Le faire renouveler, c'est le ternir, c'est l'avilir, c'est d'ailleurs une injure contre ceux qui le renouvellent, puisque c'est un doute outrageant, une flétrissure indirecte, une crainte qui dégrade l'honnête homme et qui compromet son honneur. Oserai-je le dire ? C'est un vice dans le Gouvernement, c'est une faiblesse de sa part, qui annonce des craintes. Or, jamais il n'en pourra exister quand le Français, guidé par l'exemple des faux Dieux qui juraient par le Stix, et ne manquaient jamais à leur serment, prendra l'honneur pour le Stix. C'est ainsi qu'on aura dans le Militaire bien surement des Bayard, des Crillon, des Turenne, des Duguesclin, des Catinais, des ⁕abert et des Cheverts; dans la Marine, des Dugué-Trouin, des Jean Bart, des Forbins, des d'Estaing; dans le Génie, des Vauban, des de la Jonchère, des Folard, dans le Clergé, des Bossuet, des Fénelon, Massillon, des Bourdaloue, des Lenfant, dans la Robe, des d'Aguesseau, des l'Hôpital, des Thou, des Talons, dans la Finance, des Sully, des Semblancey, dans le Commerce, des Thierry, des Tolozan, dans les Défenseurs du Peuple, des Démosthènes, des Caton, des Cicéron, des Gracques, des Wit, et tant d'autres Apôtres de l'humanité, que la brieveté de cet ouvrage ne permet pas de citer. Oui, Sire, je l'ai déjà dit dans un autre ouvrage, et je ne puis trop le répéter ici; c'est l'honneur enraciné dans le cœur de tous les Français, qui servira plus que tous les codes criminels et les Lois pénales, il rendra votre empire le plus brillant et le plus solide, au-dedans, le plus formidable et le plus puissant au-dehors. Quoi! le despote de la Montagne faisait courir à la mort ses sujets pour une illusion, et le Français pour l'honneur qui deviendra son idole, ne ferait pas des prodiges? Qui oserait le croire? Sans l'honneur tout ce qu'on admire n'est qu'un faux simulacre des vertus déguisées par les dons brillans de la nature, mais jamais ces avantages ne suppléeront l'honneur, et ne pourront le remplacer avec éclat Et vous, Reine incomparable, qui joignez à toutes les graces séduisantes de votre sexe ravissant, une ame trempée à froid, un cœur mâle et magnanime, un courage indomptable, que l'aspect de la mort n'a pu ébranler, vos dangers sont passés. La France vous couvre de son impénétrable égide, Marie-Thérèse, votre illustre mère, aurait-elle mérité cette gloire immortelle que l'Histoire lui a consacrée, sans cette héroïque fermeté, sans cette noble persévérance qu'elle a déployée dans les plus périlleuses extrémités, où elle a fait briller les ressources de sa grande ame ? Sa valeur et son intrépidité l'ont placée au temple de mémoire : votre nom est déjà gravé près du sien. Les terribles événemens que vous avez éprouvés, les perilleuses positions où vous avez été exposée, ont fait briller la majestueuse énergie de votre ame, tous vos sentimens sublimement déployés à l'aspect du plus effroyable danger qui menaçait vos jours, ont glacé de surprise et d'effroi la scélérate témérité d'une horde de régicides, vous vous êtes montrée digne de l'Empire du monde, vous avez fait plus, vous avez fixé l'admiration des bons Français, qui dissiperont enfin pour toujours ces sinistres nuages

semens, et ces glaçans hurlemens, qui ont menacé le trône et souillé le palais de nos Rois.

Et vous, tendre enfant, vous digne rejeton d'une tige chérie, vous dont l'intéressante existence fait la consolation du Royaume en même-tems qu'elle contribue à sa tranquillité et qu'elle prépare sa splendeur; vous qui nous faites partager l'espoir de nos neveux, c'est dans le berceau de l'adversité que vous murissez votre courage. Déjà votre ame étonnée se modifie puissamment, elle se façonne au milieu des dangers, et apprend à réfléchir dans cet âge nul où la nature la destine à une sorte d'engourdissement, pour donner aux muscles plus de liberté de s'étendre et de se renforcer au milieu des perpétuelles dissipations qui environnent l'enfance vous serez homme de bonne heure, et lorsque vous monterez sur le trône, vous mériterez le titre de Roi que vous nous rendrez imposant et consolant.

A peine se souviendra-t-on alors de ces vapeurs ennuyantes, de ces erreurs dévastantes qui ont jeté le peuple dans des crises de frénésie, l'ont ensuite égaré, et l'ont plongé dans un matériel extase, on ne se rappellera tes chumériques projets, que comme on cite aujourd'hui en soupirant les époques révoltantes du quatorzième siècle, qui ont désolé le Royaume livré alors aux excès de la licence, et ravagé par une dissolution générale. Cependant l'autorité royale, audacieusement dégradée dans ces tems d'une submergeante anarchie, a glorieusement surnagé sur cet amas confus et sanguinaire de brigues honteuses, de cabales criminelles, de brigandages atroces, et de féroces dévastations, le Roi, en se resaisissant des rênes de l'Empire qu'il avoit imprudemment abandonnés à des mains devenues odieuses par des actes de vexations, reconnut enfin qu'il est d'un Roi qui veut faire le bonheur de ses sujets, de régner par lui même et de faire mouvoir seul tous les fils qui répondent aux différens rameaux d'administration qu'on ne doit confier qu'à des agens vertueux ; il appert à la postérité que l'héritier de l'Empire ne peut trop tôt acquérir les connaissances nécessaires au poste orageux auquel il est destiné, qu'il doit, dès son adolescence, participer aux travaux qui soutiennent le lustre, fixent la gloire et étendent la prospérité de l'Empire, qu'il doit s'accoutumer à concilier l'égalité des droits, sans faire attention à l'âvantage du rang et à la supériorité de la naissance; il connut enfin, aux dépens de son repos, que des commotions accidentelles sont de fortes leçons pour les Souverains. Ils doivent, en effet, s'estimer heureux quand leur gloire, leur reputation et leur autorité s'échappent à travers les périls de la tempête, sans avoir perdu aucune portion de leur lustre.

Celle de Louis XVI, attaquée par tant d'endroits différens, paraît s'écrouler sous l'effort des mutilations, et s'anéantir sous les ruines de tous les états, détruits et réduits en poudre. C'est cependant sur ces débris teints de sang, sur ces décombres encore environnés de la fumée et des cendres, que différens volcans ont vomi en détail sur elle, qu'elle va se relever et plus majestueuse et plus puissante qu'elle ne lui a été transmise par Louis XV.

Le Roi, par un enchaînement de circonstances, devenu Monarque absolu, n'aura plus à lutter et à se débattre toujours sans succès contre ces corps qui ont su se rendre intermédiaires entre l'autorité royale et la Nation, qui ont rendu leur puissance formidable en l'étayant de l'opinion publique, et en l'appuyant sur la force coactive du peuple, et ont ainsi souvent ébranlé le trône, d'un autre côté, il verra sans crainte un boulevard autrefois formidable, ou plutôt ce colosse gigantesque et indocile, qui n'a tremblé que devant le génie de Richelieu, sans qu'il ait pu s'y soumettre entièrement, se transformer, enfin, en Citoyens utiles, qui vont donc fertiliser le trésor public. Graces aux lumières de la philosophie, et aux lois de la nécessité ; le Roi n'aura plus besoin des talens et de l'intrépidité des agens de son pouvoir pour attaquer et renverser cette imposante colonne, bâtie dans les tems d'ignorance, et renforcée depuis avec le ciment du fanatisme détrempé dans le sang de ses martyrs, après avoir bravé long tems les assauts de l'opinion, et résisté à toutes les forces de l'autorité royale, un décret l'a calcinée et réduite en poudre. C'est ainsi que l'Assemblée nationale, dépositaire de la foudre, et armée de la massue d'Hercule, abat toutes les têtes des hydres, et foudroye tout ce qui paraissait devoir résister à la carie des siècles, c'est ainsi que le génie de Calonne a moulé le creuset où ces différentes fusions devoient se faire ; c'est ainsi qu'on a dissout ces puissances, qui pendant plusieurs siècles, tantôt par politique, **tantôt** par principes, souvent par égoisme, ont resserré et reculé jusqu'à nos jours les actes qui s'efforçaient d'établir le despotisme. Français, souvenez-vous que les Romains furent toujours vertueux et le premier peuple de l'univers, tant que Carthage excitait leur émulation — Actuellement que la Noblesse n'existe plus que dans l'opinion, cette souveraine de l'univers, que le Clergé est détruit et ses membres dégradés et dispersés, que les Cours souveraines, et particulièrement les Parlemens, sont pulvérisés avec les foudres qu'ils ont forgés, que toutes ces opérations incroyables ont été exécutées avec le prestige de l'enchantement, pendant que l'autorité monarchique, frappée de paralysie, reste engourdie dans un sommeil léthargique, que devons-nous espérer? Croyez-vous, Français, que cet état d'anéantissement conduira le pouvoir monarchique à une mort lente ou prématurée? Lisez l'arrêt du destin, qui vous dit que l'autorité royale n'est ni en léthargie ni en paralysie, qu'elle sommeille, il est vrai, mais que son sommeil était nécessaire pour réparer ses forces affoiblies par des secousses laborieuses, qu'à son réveil, graces aux soins, aux opérations de l'Assemblée nationale, elle ne trouvera plus d'obstacles à sa volonté, devenue alors illimitée. C'est ainsi que si la France est destinée à avoir un Souverain ambitieux, il pourra arrogamment déployer une autorité vexative et opprimante. C'est ainsi qu'il dédaignera les murmures impuissans d'une partie de l'empire, pendant que l'autre détrempera la terre de ses larmes, en l'arrosant de sa sueur, et que cette partie dégradée, avilie, restera sans énergie, sans ressorts, sans ressources, courbée dans l'abjection. C'est ainsi qu'un événement, dont on ne calcule que superficiellement l'influence, sur les opérations méditées, en amène successivement d'autres, inattendues et incompréhensibles; c'est ainsi qu'à ceux qui nous électrisent actuellement, il en succédera d'autres encore plus surprenantes, c'est ainsi qu'on paraît pressé de les provoquer par des opérations insolites, irréfléchies, et si impolitiquement adoptées; c'est ainsi que le peuple qui se félicite d'avoir pulvérisé les débris du trône, d'avoir mis en pièces le sceptre et le diadême de son Roi, ne s'apperçoit pas qu'il en nécessite la reconstruction de nouveaux. Tremblons qu'il ne rende ainsi l'autorité plus dangereuse et plus farouche. Tout ce que ce peuple médite dans l'aveugle effervescence qui le captive, tout ce qu'il entreprend, tout ce qu'il exécute, ruine en détail et accélérera rapidement la dissolution de cette séduisante démocratie qui est son idole; un pareil édifice peut-il se soutenir et braver la main destructive du tems, étant composé de l'aggrégation de presque tous les résultats les plus vicieux? Cette séduisante démocratie, solidement construite, concertée de bonne foi avec la Puissance royale, aurait peut-être pu faire la consolation de l'Empire, et détruire jusqu'aux espérances du despotisme; ainsi établie, elle aurait pu procurer les avantages les plus précieux; mais pour la rendre de plus en plus estimable, il fallait nous rendre les imitateurs des treize Etats-unis de l'Amérique c'est à leur exemple que nous eussions supérieurement combiné tous les différens rapports qui concourent à l'intérêt général, que nous eussions organisé avec ordre, avec choix, avec la lumière du discernement et le scrupule de l'honneur, toutes les différentes classes d'administration; que nous les eussions liées par le puissant mobile de l'intérêt général, pour le faire contribuer savamment à la splendeur, à la force, à la solidité et à la sûreté de l'Etat. C'est ainsi qu'un peuple ami de l'ordre, jaloux de mériter l'estime et la vénération des siècles futurs, se serait conduit. Si toutefois il est possible à l'esprit humain, dans un Royaume comme la France, de pouvoir établir solidement un Gouvernement mixte, sans empêcher qu'une des deux Puissances, à force de peser sur l'autre, faute d'un contrepoids convenable, ne l'écrase et ne la pulvérise. Quelle idée ce peuple donnera-t-il à la postérité, de sa justice, du pouvoir de sa liberté, et des moyens qu'il a employés pour se la conserver ? N'est-il pas comme ces mères insensées, qui étouffent leurs enfans par un excès immodéré de caresses, ou comme celles qui, dominées et pliées par faiblesse aux caprices de leurs enfans, satisfont immodérément, avec adulation, leurs fantaisies dépravées, et font ainsi de leur éducation un composé monstrueux de vices, de bassesses, d'insouciance, d'intolérance, d'entêtement et d'insubordination ? C'est ainsi que dans toutes les assemblées on cultive le germe de vicieux résultats qui provoquent les crimes et font circuler la licence ; c'est ainsi que chacun tenant avec cette opiniâtreté (qu'on nomme liberté) à l'anarchie, que cette première produit ou met en activité toutes les passions, que l'effervescence qui en est la suite, les répand pour infecter la société; c'est ainsi que l'ordre social alarmé, blessé, mutilé et vexé, éprouve toutes les atrocités possibles. C'est ainsi que dans la confusion et dans le tourbillon tumultueux des calamités qui affaiblissent l'énergie, énervent le courage et enfantent le désespoir, tous les efforts des différentes administrations, divisées d'opinion et d'intérêts, se croisent alors au lieu de se réunir, et d'opposer ensemble une salutaire vigueur à la masse des maux qui corrodent l'État, ils augmentent encore les effets d'une calamité générale. C'est ainsi qu'on abandonne l'État au milieu d'un torrent de brigandage désastreux, c'est ainsi que les Monarchies les plus puissantes, que les Empires les plus redoutables sont devenus la proie des Conquérans ambitieux, qui ont profité des divisions intestines, qui les déchiraient pour les morceler et s'en emparer par droit de conquêtes.

Ne vous y trompez pas, Français, ouvrez l'Histoire, ce grand précepteur du genre humain; tremblez d'achever, d'énerver l'État, de le réduire dans un épuisement total; voyez les Puissances voisines, faire des préparatifs considérable de vaisseaux, d'armées terrestres; étudiez leur politique, approfondissez leurs projets, et vous verrez qu'ils attendent que vos divisions intestines vous réduisent dans une position si chancellante, qu'ils puissent, chacun de leur côté, exécuter le démembrement que nous avons vu essuyer à la Pologne. Je tremble pour nos Colonies, les Anglais, les Hollandais n'ont pas sans dessein une flotte formidable; chaque vaisseau est commandé par les plus grands Capitaines de ce Royaume. Contre qui destinent-ils cet armement alarmant? Je vous en fais juges. J'entends des Citoyens me dire, jamais les Français ne craindront les Puissances les plus redoutables, quand ils défendront leurs foyers, leurs femmes, leurs enfans et leurs possessions (1).

___

(1) Les Romains valaient bien les Français, leur puissance était plus imposante, n'ont-ils pas été subjugués? Il n'en reste plus que le nom, et quelques monumens qui attestent leur gloire. Que sont devenues leurs formidables cohortes, que la victoire précédait dans tous les combats? La licence des légions, l'insubordination du soldat, l'anarchie répandue dans tout le militaire, en relâchant les liens du devoir, ont anéanti cette discipline militaire qui les rendait invincibles, des divisions partielles, devenues bientôt

Oui, chaque Français, les armes à la main, deviendra un héros, pour défendre ce qu'il

générales, ont causé des soulèvemens fréquens et des révoltes sérieuses. L'Empire ébranlé dans toutes ses parties est devenu la conquête de tous les Chefs hardis qui l'ont attaqué, et c'est ainsi que Pharamond a commencé l'établissement de la superbe Monarchie Française, livrée actuellement à tous les dangers qui ont précédé l'écroulement de l'Empire Romain.

Qui pourrait garantir nos provinces de l'invasion d'un ennemi puissant et aguéri? Mais, j'entends des Français me dire: n'avons-nous pas un Condé, souffrira-t-il que les ennemis de l'Etat viennent insulter aux mânes de son illustre aïeul? N'a-t-il pas déjà fait voir que la valeur, la bravoure et les connoissances les plus étendues dans l'art militaire, sont héréditaires dans cette famille? Par conséquent la gloire du trône, la conservation de l'Empire, et la défense des Provinces, si l'on osoit les attaquer, ne lé laisseraient pas long-tems dans une indolente insouciance. Je réponds, que je le crois capable de tout faire, de tout entreprendre pour conserver la gloire de l'Empire, et pour prévenir les desseins funestes des Puissances voisines qui conspirent contre nous. Mais, que les bons Français devraient faire des vœux pour son retour, ainsi que pour celui du Prince son fils, jeune-homme plein d'espérance, instruit depuis un an à l'école du malheur, parce qu'ils sont destinés à servir de *palladium* aux Français, et que la France désolée attend leur retour comme un préservatif contre tous les maux!

a de plus

a de plus cher; mais c'est quand toutes les opinions différentes se tairont devant les dangers communs; c'est quand le salut de l'état prévaudra sur l'intérêt particulier; c'est quand on sacrifiera au bien de la Nation, la gloriole de vouloir plier et soumettre à son opinion l'opiniâtre entêtement des autres, tant que l'idée d'une domination partielle travaillera toutes les têtes; que, sous prétexte de conquérir la liberté, ou ébranlera, on déchirera l'état, que feront nos braves Français ? Ils ne deviendront réellement redoutables, sur-tout dans la position vraiment imposante où ils se trouvent actuellement, qu'en s'occupant uniquement du danger de l'empire, qu'en invoquant; très-promptement des réglemens sur la dis-

---

qui assiegent l'Empire Quand il sera temps, deux millions de Français sont prêts à lui offrir leurs bras, et brigueront l'avantage de verser, sous ses yeux, leur sang pour le salut de l'Etat.

Viens, grand Prince, viens contempler chez moi un enfant encore à la mammelle, à qui j'ai négligé d'apprendre à balbutier les noms sacrés de *Papa* et de *Maman*, pour prononcer avec énergie celui de son ROI et celui de CONDÉ.

cipline militaire, tant pour les troupes de ligne, que pour les milices nationales, car sans discipline militaire, sans une subordination sagement réfléchie et judicieusement motivée, que ferons nous des nos cohortes patriotiques ? Comment résisterons-nous à ces bouches à feu de nos ennemis, sans une artillerie ? Occupons-nous de créer une école d'artilleurs par chaque département, rendons ainsi cet art formidable, terrible pour les ennemis de l'état. Ne souffrons pas qu'ils osent espérer d'écorner le superbe appanage de nos Rois. Frédéric a fait voir à l'univers, qu'avec une formidable artillerie, habilement servie, on donnerait des lois aux puissances qui négligeraient cette foudroyante ressource.

Qu'on se rappelle quel sort eurent les troupes de Xerxès, une poignée de soldats disciplinés les égorgèrent et les éparpillèrent comme un troupeau de moutons. Soyons avares du sang de nos frères, et n'attendons pas que les ennemis de la Nation viennent en arroser nos campagnes. Mais dans ce choc de puissances à puissances, il faut des Chefs pour diriger et administrer la force réprimante et agissante, et à ces Chefs il faut un point central d'autorité qui les fasse mouvoir, c'est ainsi et par l'effet des événemens, que le pouvoir exécutif, dans une monarchie aussi puissante que la nôtre, se rétablira dans tous ses droits; et c'est ainsi que n'ayant plus d'obstacles à surmonter, plus de puissances au dehors à combattre, et plus d'autorité intérieure à redouter, elle s'élevera d'un vol rapide comme l'aigle; que le Roi parcourant ses états, en planant sur son royaume, il contemplera d'un œil assuré et indépendant les limites de son empire. C'est alors qu'il commandera en Roi, et ordonnera en Souverain.

Si Jules-César, pour venger son amour propre humilié, ou plutôt pour asservir sa patrie, osa combattre Pompée, le bouclier et le seul homme que la république pût lui opposer; s'il battit les meilleures troupes de l'univers et le plus habile de ses généraux Français, croyez-vous qu'à son exemple un Roi de France, victorieux des ennemis de la Nation, commandant des troupes couvertes de gloire, et aidé d'habiles généraux, viendra, comme Camille, déposer sur l'autel de la Patrie ses lauriers, pour aller s'ensevelir dans l'oubli, et végéter dans l'inaction ?

Il est certain qu'on aurait pu facilement trouver les moyens de prévenir un retour d'autorité, dont les races futures peuvent éprouver de funestes effets, c'était en établissant solidement un contre poids nécessaire pour fixer l'équilibre entre les actes alarmans, et souvent vexatifs de la royauté, et la licencieuse effervescence du peuple, c'était en tempérant l'un par l'autre. Pour y parvenir, il fallait dans toutes les administrations opposer aux entreprises injustes du souverain, cette masse de connoissances humaines, cet ascendant de ces génies aussi ardens qu'éclairés, (et tels qu'on en voit à l'Assemblée nationale) il fallait mettre en activité les salutaires opérations, invoquer les écrits lumineux de ces génies bienfaisans, et en faire un préservatif contre la tyrannie. Eux seuls pouvaient faire pâlir les tyrans, et faire trembler les despotes toutes les fois qu'ils auraient voulu égarer le cœur de nos Rois. Quelle devait être la conduite d'un peuple éclairé, jaloux de conserver une liberté conquise, et curieux de faire voir à l'univers étonné qu'il était digne d'en recueillir les premiers fruits ? C'était en mettant en action la véhemence, et la franchise de l'éloquence des Gracques contre la force opprimante, contre cette tendance de l'autorité qui commence par épier, et ensuite mine sourdement, quand elle ne peut ouvertement subjuguer. C'était en invitant les oracles de la Nation, à sacrifier leurs veilles pour la sûreté, la prospérité et la gloire de l'état C'était en les plaçant dans les différentes administrations qu'on aurait, par leur moyen, arrêté les écarts et les progrès du despotisme, et calmé les excès des désordres populaires. Cependant, ce peuple qui se croit le plus éclairé de l'Europe, est dans l'obscurité, lorsqu'il s'agit de son plus grand intérêt. Il se flatte de surpasser en prudence, en lumières et en talens, et les Grecs, et les Egyptiens, et il néglige les leçons instructives des plus grands modèles de l'antiquité. Il dédaigne l'exemple de ces patriotes Romains, si éclairés dans le choix de leurs tribuns, et plus encore dans celui de leurs administrateurs publics : leurs utiles travaux ont cependant long-tems soutenu la République dans un état de splendeur, qu'il serait glorieux d'égaler. Il se croit capable d'éclipser les Solon et les Licurgue ; et cependant il prend toutes les mesures convenables pour détruire, dans son berceau, cette démocratie, l'objet de toutes ses affections. Ne pourrait-on pas demander à ce peuple quelles sont les premières et principales bases d'un gouvernement populaire, qui se trouve lié inséparablement à celui du Souverain, de vouloir bien indiquer par quels moyens on peut balancer leurs différens intérêts, pour rendre leurs fonctions prospérantes et avantageuses à l'état; comment on parviendra à contenir deux puissances, que la méfiance éveille, et que l'ambition et la jalousie, tiendront dans un état de guerre perpétuelle ? Quelles sont les ressources qui nous restent pour protéger l'influence prospérante de la richesse, aiguillonner l'émulation du pauvre, donner de l'énergie à chaque membre de l'état, sans cesser de concourir à l'harmonie du tout, et unir à la chose publique chaque partie de ce tout ? Que répondra-t-il ? Qu'il ne peut donner aucunes notions sur des objets aussi difficiles, aussi délicats, et aussi incertains. Pourquoi veut-il donc dans les assemblées faire le capable ? Pourquoi prétend-t-il y décider impérieusement? Pourquoi opère t-il si légèrement, et même si fatalement, contre ses propres intérêts? Pourquoi veut-il participer aux fonctions publiques dont il n'a pas la moindre notion? Pourquoi réunit-il à un aveugle entêtement une révoltante insouciance sur les objets essentiels qui intéressent la Nation? C'est que subjugué par d'adroits intrigans, il en devient la victime, c'est qu'il n'a point de volonté fixe, qu'il donne tout à l'impulsion du moment, qu'il y tient tant que le délire de la prévention l'agite et le guide, c'est qu'agissant sans boussole, sans principes, et même sans consulter son intérêt, il n'a qu'une volonté factice et d'emprunt; c'est qu'il ne sait pas mettre l'exemple à côté du précepte; c'est qu'il ignore que le seul moyen de faire disparaître les traces de ces secousses meurtrières qui ont opprimé le riche, oppressé le Citoyen aisé, et annulé les ressources de l'indigent, dépend d'un choix éclairé, libre, médité et réfléchi, c'est qu'on ne veut pas se pénétrer que des administrateurs superficiels et sans expérience doivent achever de ternir l'Empire, et de compromettre le reste de ses ressources.

Qu'on juge du salut du royaume, en envisageant le composé monstrueux des Membres des Municipalités, des Départemens et des Districts ! Y a-t-il beaucoup d'habitans qui aient suivi dans leur nomination le cri de leur conscience ? Qui osera dire avec vérité qu'il na pas été ébranlé et entravé par des considerations particulières, entrainé par des motifs impérieux, subjugué par des tyrannies locales et politiques ? Qui sont ceux qui se sont abandonnés purement et simplement au produit de leur réflexion ? D'un bout du royaume à l'autre, l'argent, la brigue, une cabale, d'abord sourde et circonspecte, et ensuite audacieusement subjugante, s'est déployée sans pudeur pour violenter les suffrages. L'or semé d'avance avec précaution par d'adroits opulens, et ensuite prodigué au moment des nominations ; une politique mensongère, le mouvement de l'orgueil accrédité par des partisans gagés et gagnés, l'espoir de tyranniser d'anciens Administrateurs, contre lesquels on animait d'avance, insidieusement, la défiance du peuple, pour les éloigner de toutes administrations ; la spéculation du lucre, l'avidité des honneurs, la soif de l'autorité, la demangeaison de commander, le tourment de la domination : voilà les causes secrettes qui ont dirigé les suffrages du peuple, pour le choix des places les plus importantes du royaume ; le premier pas qu'il fait dans la carrière de la liberté, est celui d'un esclave ; le premier acte qui émane de lui pour établir cette liberté générale, est un acte d'asservissement individuel : c'est ainsi qu'on se flatte d'être libres, d'aimer la liberté, et qu'on pourra consolider les éternelles colonnes d'une glorieuse et permanente démocratie, pendant qu'on commence à s'entourer des chaînes de l'opinion d'autrui, et qu'on dirige les plus importantes opérations de sa vie sur le mouvement qu'on reçoit des impulsions étrangères.

Tremblez, patriotes Français, tremblez, partisans honnêtes et vertueux, qui entrevoyez le bonheur de la Nation dans un gouvernement mixte. Sachez que les intérêts dissidens de ces autorités, qui se froisseront mutuellement en s'attaquant sans cesse au milieu des alarmes de la jalousie, ou des craintes de la surprise, préparent à la Nation de fréquentes et périlleuses commotions. Dans cette surveillante et inquiète po-

plexité, qui pourra savamment poser les bornes de chacune de ces Puissances ? Qui pourra prévenir l'irruption du pouvoir et les entreprises de l'erreur ? qui garantira la fidélité des engagemens réciproques ? qui fixera des limites insurmontables ? Ce sera la chimère, sans doute, puisque déjà votre imprudence, votre destructive irréflexion précipitent l'anéantissement de vos premiers travaux.

Chaque Département, chaque District, chaque Municipalité, chaque Assemblée d'habitans a conçu des projets. Après d'amples discussions, ils ont donné lieu à des arrêtés, à des décisions qui se heurtent avec ceux d'autres locaux ; il doit résulter de

_____

(1) Le Journal du département de l'Yonne annonce que plusieurs Districts, en méprisant l'exemple de l'Assemblée nationale, en écartant son décret, couvrent d'un nuage impénétrable les travaux de leur administration ; qu'ils ensévelissent dans le secret toutes les opérations qui intéressent leurs commettans ; c'est ainsi qu'on compromet la fortune et la tranquillité du peuple. C'est bien-là le cas de dire *Nimia precautio dolus*. Si chaque localité affecte un tel despotisme, pauvre peuple, resteras-tu encore dans la coagulation d'une apoplectique admiration ?

cette diversité d'opinions et même d'intérêts, que la passion ou l'entêtement finiront par s'en mêler ; que pendant qu'on s'expliquera sans s'entendre, les décrets resteront sans effets et le royaume sans lois ; il faudra bien enfin que l'autorité royale vous mette d'accord pour sauver l'empire. Chaque enclave fera fermenter le germe de la dissention, et bientôt le Royaume différemment agité dans ses nombreuses parties, va renouveler le désordre et la confusion de la tour de Babel, pour les faire cesser, le peuple invoquera l'énergie de l'autorité du souverain, qui rétablira l'ordre. Sommes nous donc destinés, étant environnés de lumières, à craindre les ténèbres, cela est plus que probable. Ce n'est pas qu'il n'y ait dans chaque localité des personnes éclairées et incorporées dans les différentes administrations, mais c'est qu'on les a trop isolées, c'est qu'elles seront éclipsées par le nombre ; c'est que leurs talens seront offusqués, c'est que leur zèle se refroidira, sous la mutilation des opinions, qui le fera tomber dans un état de nullité. Telle est la suite inévitable d'un choix précipité, d'un choix de captation, qui travaille au profit de l'autorité monarchique.

Voulez-vous lire dans l'avenir, parcourez les villes du premier et second ordre du royaume, qui servent d'exemple aux autres, descendez dans l'examen de la composition de toutes les différentes administrations qui vont donner le mouvement au méchanisme de l'organisation générale, vous serez étonnés de voir un mélange confus et peu soigné (1), vous verrez la lumière éclipsée ou mise sous le boisseau, vous verrez surtout des courtisans, Protées dangereux, nous retracer de dégoûtans spectacles, et prodiguer de ridicules actions qui commencent par éblouir, ensuite soumettent tous les ressorts de l'ame : elle devient ainsi sans élasticité tant qu'elle reste matérialisée dans l'admiration, ce qui a lieu tant qu'elle ne prend pas la peine d'approfondir le futile, séducteur et mensonger jargon de ces gens de cour, rompus dans l'art de feindre. Vous les verrez très-intrigués pour empêcher qu'on ne découvre qu'ils se sont échappés de la cour, tout couverts d'opprobre, et s'ef-

---

(1) Caligula voulut faire son Cheval Consul. Le Peuple Français, fait mieux, il élève aux premières places du Royaume, des Midas à longues oreilles.

forcer de cacher leur honteuse turpitude dans l'ombre du mystère : vous les verrez asservir le peuple par les ravissans dehors d'une rampante souplesse, par ces paroles mielleuses, par ces douceurs fardées, par ces regards sourians et composés, par ces saluts bénévoles et étudiés, par ces singeries qu'ils nomment dignité, par ces prévenantes courbettes qui flattent l'amour-propre, par ces caresses artificieuses qui cachent des perfidies méditées, par ces embrassemens si souvent multipliés et tendant à emouvoir l'homme médiocrement instruit, et à éblouir la classe du peuple : elles répugneront toujours à l'homme réfléchi et à l'honnête citadin, dont la loyale franchise ne se dégrade point par des pareilles petitesses, toujours abjectes, parce qu'elles dressent des piéges ; par ces fréquentes visites, qui étant prodiguées indifféremment, sans motif raisonnable, sont envisagées par l'homme borné ou orgueilleux, comme l'effet de la prévenance, pendant que l'homme instruit les considère comme un espionage déguisé, pour sonder les caractères, et les préparer a être leur dupe, par ces promesses fastueuses, que leur cœur dément, et dont l'expérience démontre la fausseté, par l'espérance illusoire de places importantes dont ils bercent la foible imagination d'une jeunesse ambitieuse, et accaparent ainsi leurs cœurs, par ces fêtes qu'ils donnent, afin qu'on s'empresse de les parfumer d'un encens platement prodigué et trop avidement mandié; par ces repas tumultueux et sans délicatesse, où ils distribuent avec profusion les bassesses, noyées dans un débordement de mensongers complimens. tantôt au général des convives, tantôt à chacun d'eux en détail, avec cet art perfide d'une distinction mystérieuse, moyen bien adroit pour éveiller l'orgueil et en faire jouer les ressorts, quand leur intérêt l'exigera. C'est ainsi qu'ils captivent les citoyens; qu'ils les rendent de rampans adulateurs de serviles admirateurs, qu'ils les transforment en chiens couchans, qui se répandent dans les différens quartiers des villes où ils leur quêtent des suffrages, en s'occupant à les exalter avec une séduisante adulation. C'est ainsi que ces agens leur preparent, lorsqu'ils se montrent en public, un torrent d'applaudissemens. Tels sont ces Tartufes, ces insidieux Ulysses, qui sans cesse profanent l'amitié dont-ils souillent et le **nom** et la liberté, qui habitués à manier les armes de la supercherie, afin de les rendre victorieuses, ont encore recours à ce jargon flagorneur de la cour, jargon si sonore, si éloquent et si insinuant pour la multitude peu accoutumée à ces flateuses amorces. C'est ainsi qu'est entraînée cette multitude déjà ébranlée par des fastueuses distributions d'argent, répandu avec l'ostentation la plus recherchée. C'est ainsi que les épithètes les plus flatteuses, les expressions les plus fortes, les louanges les plus outrées, deviennent la monnoie de la reconnoissance du peuple, ses sentimens sublimisés s'élèvent, s'acquittent avec l'expression de l'éloquence de l'ame, et ceux qui la mettent en action, deviennent bientôt l'idole et la divinité de toute la contrée : leur nom vole de bouche en bouche, et l'enfant au berceau le bégaye en souriant avant de prononcer celui du Créateur ! Quel superbe rôle si l'honneur en était la base, comme il paraît être l'ame de la Fayette et Bailly ! Mais l'ambition seule dirige ces dangereux courtisans, qui veulent singer les héros de la Nation. Pour conserver cette sorte d'ascendant, ils ont l'adresse de mettre la main dans la poche des gens riches et aisés, qu'ils savent soumettre au prestige de l'illusion; ils leur soutient ainsi avec ce ton léger et badin, avec cette astuce, avec cette déterminante séduction, qui éloigne le refus et écarte la réflexion, des secours d'argent, qu'ils distribuent comme leur patrimoine. Ils auraient cependant été bien plus sagement répartis et plus équitablement distribués, par ceux à qui on les excroque ainsi, en riant de leur foiblesse et de leur aveugle facilité; parce qu'ils les auraient employés à soulager des malheureux individus, dignes de la bienfaisance des ames vraiement humaines, en les destinant avec discernement, et avec cet art délicat qui oblige doublement, parce qu'il cache la main généreuse qui soulage dans le mystère. Le moyen d'empêcher de rougir est d'envelopper du voile du secret le tribut que la richesse destine à l'indigence. Conduite bien différente de l'homme vain, qui dissipe sans choix, répand sans examen, sans scrupule, et qui sème avec éclat pour fasciner les yeux du nombre, subjuguer les sens de la multitude, et asservir, par ce magique manège, toutes les facultés sensitives de ce

Peuple

Peuple qui n'est pas accoutumé à se tenir en garde contre la séduction de ce puissant charlatanisme. Ce peuple ainsi exalté, tombe en extase à la moindre parole de ces merveilleux Caméléons, rompus dans l'habitude de manier la parole, et à déguiser, sous de magnifiques dehors, la duplicité de leur ame rongée d'ambition, et dévorée de la soif d'usurper et d'accumuler sur eux les premières places du pays. C'est ainsi que ces habiles Comédiens fascinent les yeux, et qu'on n'apperçoit que du merveilleux dans le jeu méchanique de leur cœur vicié et gangrené, c'est ainsi qu'en Province ils éblouissent le peuple, qu'ils tuent toutes ses réflexions, en le tenant continuellement dans le prestige sur leur compte, en lui promettant de ne s'occuper que de lui, en traitant les habitans de frères, de ses enfans; en déclarant qu'ils les adoptent tous comme tels ; en en tenant plusieurs sur les fonds baptismaux, en demandant en graces qu'on les regarde comme faisant partie de leur famille, en filoutant la confiance des Administrateurs publics, jusqu'à ce qu'ils soient parvenus à supplanter leur Chef et à usurper leurs places ; en éventant leurs projets avantageux; en ayant l'audace de s'approprier

D

ces projets, et de s'en annoncer les auteurs et les protecteurs, en promettant hardiment des sommes considérables, au mépris du cri public de leur conscience, qui leur reproche de faire des offres illusoires pour l'exécution de ces projets, pendant qu'ils n'ont l'intention d'y contribuer que par l'effronterie du mensonge, en se procurant, par le stimulant de l'émulation, des secours du riche, pour accélérer des travaux qu'ils paraissent encourager et avancer par le secours de leur opulence, et déguisent ainsi la source d'où sortent ces secours, en laissant la multitude dans une erreur qui tourne à profit pour leur amour-propre, en se mettant ainsi à l'abri de rendre compte d'une administration dont les chapitres de recette sont inconnus, et dont toute la dépense reste à la gloire de ces intrigans, en substituant l'ivresse au raisonnement, l'engouement au discernement, les transports d'une joie factice à cette gaîté qui part du cœur, et qui est l'effet de la réflexion et du bonheur, l'ombre à la réalité, le faux au vrai, l'illusion aux probabilités, et le délire de l'imagination aux sentimens tranquilles et uniformes du cœur (1). C'est par

---

(1) Que ne peut-on mettre dans les mains de tous

ce magique magnétisme qu'ils se préparent, et cherchent à s'asssurer la majorité des suffrages pour la prochaine législature. C'est sur cette ambitieuse espérance qu'ils ont pratiqué des liaisons de politique. flatté l'orgueilleux, carressé l'homme vain, loué l'ambitieux, fêté publiquement l'homme accrédité parmi le peuple, pour pouvoir plus facilement le supplanter par des manœuvres ténébreuses, encensé et recherché avec finesse ceux qui ont du talent, traité avec distinction ceux qui par leur esprit pourraient les deviner et les démasquer; distribuant à chacun d'eux, avec méthode, et suivant leur caractère et leurs passions, la dose convenable d'une considération mensongère et étudiée, deployant avec l'art d'une fausse candeur, tous ces jeux fascinans de l'esprit et de la réflexion, pour tenir leurs dupes dans un état continuel d'ivresse, jusqu'à ce

---

le monde la Comédie intitulée les *Bourgeoises de qualité*, on verrait dans le Marquis de Montcalm, le portrait frappant et parfaitement ressemblant de partie des hommes de cour, qui ridiculisent tous les principes, versent le sel de l'ironie sur tout ce qui les entoure, méprisent la Bourgeoisie tout en flattant leur orgueil, pour en tirer des secours qui abreuvent leurs fastueuses dépenses, et comblent la dépravation de leurs mœurs

qu'ils n'aient plus besoin de leur stupide dévouement et de leur zele abatardi, pour les conduire par les différens échelons des dignités, à cette suprématie qui fait asseoir les Députés de la Nation sur le trône de nos Rois.

Mais quand une fois ils seront investis de cette rayonnante splendeur, que leur personne deviendra sacrée et inviolable, vous les verrez afficher une indifférence outrageante pour ceux qui les auront portés à ce comble des honneurs, vous les verrez faire usage d'un repoussant dédain, affecter un oubli total, et sur-tout cet abandon du cœur, plus accablant que le mépris. C'est alors que vous pourrez sans peine les contempler dans l'état de nature, c'est alors qu'à l'exemple de Sixte-Quint, ils jetteront sur vous un regard de pitié, et qu'ils vous remercieront avec un geste de mépris, c'est alors qu'ils vous abandonneront au milieu des réflexions les plus accablantes, c'est enfin alors que, déchirant le voile magique qui vous fascina es yeux, ils feront voir à decouvert les ressorts qui faisaient mouvoir leur tortueuse imposture; c'est alors que se croyant des Dieux, ils prétendront régir en despotes, ordonner en maîtres, et décider en souverains; c'est alors que prenant le déréglement de leur imagination pour les effets de l'enthousiasme, que voulant donner des preuves de leurs talens, de leur esprit, de leur capacité, et que se croyant supérieurs par leur génie à tous les anciens Instituteurs, ils se croiront plus parfaits que ceux qui auront créé la Constitution; qu'ils voudront la réformer, et, sous prétexte d'en effacer quelques taches, qui nuageront son éclat, ils se flatteront de pouvoir l'embellir; qu'ils voudront la décorer et lui procurer un surcroit de splendeur; c'est ainsi qu'ils jetteront la France dans des dépenses onéreuses. Et ce sera alors que la Nation, calculant les dépenses intolérables qu'elle supportera, entrera dans l'examen et la comparaison de celles qu'avait engendré la première législature; qu'elle fixera son attention sur les abus qu'auront engendré l'ordre judiciaire (1), les Directoires, les Districts,

―――――――――――――

(1) Le Peuple ne calcule pas ce que coûtera l'ordre judiciaire; c'est qu'il n'entrevoit pas que c'est lui qui supportera en partie cette dépense, puisqu'elle fera partie des impositions.

Que dira ce Peuple quand il additionnera les diffé-

les Départemens, un grand nombre de Municipalités ; enfin toutes les différentes branches d'Administration. C'est alors qu'elle décidera que si, lors de l'établissement des Assemblées provinciales, on eût eu l'attention de supprimer les honoraires des commissions intermédiaires ; qu'on eût contenu la maladresse, ou plutôt l'avidité de ceux qui ont eu la bassesse de se faire payer, ces Assemblées seraient devenues infiniment préférables; qu'elles auraient certainement contribué à la gloire de l'Etat, au soulagement du peuple et à l'honneur de la Nation. Car, à l'exception des commissions intermédiaires, tous les Membres de ces Assemblées n'ont jamais voulu recevoir aucunes rétributions, pas même leurs déboursés : l'honneur de travailler pour le bonheur du peuple et à l'avantage de l'Etat, leur tenait lieu de toutes espèces de récompenses. D'ailleurs, l'union, la concorde, l'harmonie, le desir de produire des opérations fructifiantes, et, on peut le dire,

---

rentes colonnes qui serviront de guirlandes à la principale imposition, c'est-à-dire, à la taille ? Quels seront ses sentimens, quand il comparera les accessoires à la somme principale ?

les heureux effets de leurs premiers travaux, avaient déjà jeté des lumières dans toutes les parties d'administration, et procuré de précieux avantages.

Il en résulte qu'il eût été facile d'élaguer plusieurs branches de dépenses, d'effacer quelques taches de détail qu'on remarquait dans cet astre naissant, en réprimant un peu trop de morgue dans quelques Présidens, un peu trop de roideur dans quelques Membres des commissions intermédiaires, en créant une caisse nationale ; en retranchant des pensions abusives, arrachées à la séduction, en surveillant les dépenses publiques, dont le compte eût été rendu chaque année à la Nation, en simplifiant les impôts, en les faisant supporter à toutes les classes; en soumettant la fortune des opulens Capitalistes aux charges de l'Etat, enfin, en profitant des grands exemples qu'on donne à l'univers étonné, on pouvoit facilement parvenir à une sorte de perfection.

Cependant la dépense de cette administration, comparée avec celle de l'antérieure, avait provoqué des réflexions de critique, qui, probablement, ont déterminé à recourir à un plan neuf, mais infiniment plus compliqué, à

les Départemens, un grand nombre de Municipalités ; enfin toutes les différentes branches d'Administration. C'est alors qu'elle décidera que si, lors de l'établissement des Assemblées provinciales, on eût eu l'attention de supprimer les honoraires des commissions intermédiaires ; qu'on eût contenu la maladresse, ou plutôt l'avidité de ceux qui ont eu la bassesse de se faire payer, ces Assemblées seraient devenues infiniment préférables; qu'elles auraient certainement contribué à la gloire de l'État, au soulagement du peuple et à l'honneur de la Nation. Car, à l'exception des commissions intermédiaires, tous les Membres de ces Assemblées n'ont jamais voulu recevoir aucunes rétributions, pas même leurs déboursés : l'honneur de travailler pour le bonheur du peuple et à l'avantage de l'État, leur tenait lieu de toutes espèces de récompenses. D'ailleurs, l'union, la concorde, l'harmonie, le desir de produire des opérations fructifiantes, et, on peut le dire,

---

rentes colonnes qui serviront de guirlandes à la principale imposition, c'est-à-dire, à la taille ? Quels seront ses sentimens, quand il comparera les accessoires à la somme principale ?

les heureux effets de leurs premiers travaux, avaient déjà jeté des lumières dans toutes les parties d'administration, et procuré de précieux avantages.

Il en résulte qu'il eût été facile d'élaguer plusieurs branches de dépenses, d'effacer quelques taches de détail qu'on remarquait dans cet astre naissant, en réprimant un peu trop de morgue dans quelques Présidens, un peu trop de roideur dans quelques Membres des commissions intermédiaires, en créant une caisse nationale, en retranchant des pensions abusives, arrachées à la séduction; en surveillant les dépenses publiques, dont le compte eût été rendu chaque année à la Nation; en simplifiant les impôts, en les faisant supporter à toutes les classes; en soumettant la fortune des opulens Capitalistes aux charges de l'Etat, enfin, en profitant des grands exemples qu'on donne à l'univers étonné, on pouvoit facilement parvenir à une sorte de perfection

Cependant la dépense de cette administration, comparée avec celle de l'antérieure, avait provoqué des réflexions de critique, qui, probablement, ont déterminé à recourir à un plan neuf, mais infiniment plus compliqué; à plan qui rend les opérations moins surveillables, qui engendre des guerres d'opinion, des divisions de contrée à contrée, des inimitiées de localités à localités, des actes d'insubordination des Municipalités aux Districts, de ceux-ci aux Départemens, et de ces derniers contre les oracles de l'Assemblée nationale, qui les a créés, à un plan qui, semblable, dans sa complication infinie, à la machine de Marly, paraît étonnant à l'œil, surprenant dans ses détails immenses, mais sujet à des dépenses considérables. Une pompe à feu ferait infiniment mieux le service de cette machine hidraulique, qui, étant compliquée par des rouages infinis, engendre des réparations continuelles, qui en retardent le service et jettent dans de grosses dépenses; au lieu que la pompe à feu a un service régulier, exempt de tout retard, et procurerait une distribution d'eau beaucoup plus volumineuse.

Français, vos Directoires, vos Districts, vos Départemens, vos Municipalités, sont la machine de Marly; la pompe à feu est l'emblême des Assemblées provinciales, qu'on aurait simplifiées en élaguant celles de Départemens : mais il existe une machine, ou plutôt une invention, encore plus simplifiée, et d'un emploi au moins aussi utile que les pompes à feu, quoiqu'elle soit moins chargée de pièces agissantes. Français, c'était sur cette nouvelle invention qu'on avait travaillé un plan d'administration bien moins compliqué, moins chargé de détails, et bien moins dispendieux. Craignons que dans celui adopté par la Nation, le despotisme, changeant de gîte, ne se couvre de la peau de l'agneau, et qu'en déguisant sa livrée, il n'outrage en détail les Français. Que peut-on attendre en effet des Administrateurs qui, agités par la cupidité, ont mis en mouvement tous les efforts de la cabale, pour s'introduire dans ces différentes branches lucratives ? Si l'amour du Peuple, la gloire de la Nation, eussent été les seuls mobiles qui eussent dirigé toutes les intrigues pour y parvenir, et qu'il n'y eût pas eu le motif du lucre, bien des personnes, qui s'y sont introduites, n'y eussent jamais pensé. Veut-on en acquérir la preuve, il en est encore tems ? Que l'Assemblée nationale rende un Décret qui démontre aux Français que dans la position alarmante où se trouve l'État, il est de l'honneur de tous les Administrateurs, qui voudront mériter le glorieux choix de leurs Concitoyens qui va les j'lus-tier, de payer par un tribut généreux de leurs veilles, de leur génie, de leurs talens et de leur patriotisme, et par un travail gratuit de deux années, la dette que chaque Citoyen doit a l'Etat, qu'elle ordonne qu'ils seront seulement affranchis des impositions, si toutefois ils ne sont pas dans une sorte d'opulence qui les ferait rougir de se dispenser de secourir l'Etat de leur richesse et de leurs lumières. Ne doutons pas que le plus grand nombre ne fût fâché qu'on eût prévenu leurs desirs, mais croyons en même-tems que beaucoup, frustrés des espérances lucratives qui avaient aiguillonné leur imagination, ne trouvassent des prétextes pour se dispenser de servir leur Patrie (1), nous répondons en même-tems qu'il s'en trouvera qui les remplaceront avec ardeur, avec zèle, qui feront consister leur bonheur à mériter un regard distinctif de la Nation, et seront glorieux de pouvoir travailler au bonheur des Français. C'est alors que le Peuple ne serait plus enclin

---

(1) La retraite de pareils Citoyens, qui ont un cœur de glace pour le bonheur de l'Etat, deviendrait salutaire à la Nation.

à croire que tous les Administrateurs sont avides de dévorer leur substance, il changerait ses suspicions d'inquiétude en une espèce d'admiration, il consolerait des agens aussi estimables, par des applaudissemens que tout l'or de l'univers ne peut compenser. On ne verrait plus l'intrigue mettre en action toutes les manœuvres possibles, pour se procurer dans les places d'administration, d'utiles ressources. On verrait enfin l'honneur et l'avidité de la gloire, être les seuls mobiles activant l'Empire. C'est avec ces puissans leviers qu'on trouverait les fardeaux les plus onéreux, légers et faciles à mouvoir, c'est par leur secours qu'on verrait un accord uniforme dans le Royaume, invoquer les règles de la prudence, user d'une circonspection réfléchie, mettre en vigueur une subordination convenable et honorable, et qu'on organiserait paisiblement et avec dignité, toutes les branches premières et secondaires de l'Empire.

Bientôt la lumière dissiperait les ténébreuses inquiétudes, les tumultueuses agitations qui tyrannisent les opinions; alors on découvrirait les moyens de procurer une administration simple et facile, qui rétablirait la confiance, ressusciterait le crédit, ranimerait l'industrie, ferait prosperer les manufactures, étendrait le commerce, encouragerait l'agriculture, protégerait le cultivateur, qui mérite toute l'attention des administrateurs éclairés, pour empêcher son découragement, qui flétrirait l'état : alors on ferait prosperer les arts, on fertiliserait le Royaume, on ferait de tous les Citoyens un Peuple de frères, unis de cœur et d'ame par les liens durables de la paix et de la concorde, on ferait disparoître cette honteuse et dégradante jalousie, le fléau pestilentiel de la société, l'on rendrait l'empire admirable, au dedans, par ses ressources infinies, et formidable au dehors, par sa prospérité et les forces qu'elle procure. Ce serait sur des administrateurs si dignes d'éloges, que le Roi fera réfléchir les rayons brillants d'une autorité bienfaisante, humaine et équitable, ce serait par leurs mains qu'il ferait mouvoir tous ces fils délicats et infinis, qui correspondent à toutes les parties de l'Empire, sans cependant cesser d'en conserver, dans ses mains paternelles, le dépôt qu'il tient de sa naissance, et de la volonté de la Nation, qui en a si solemnellement consacré la loi. Ce serait alors que notre auguste Monarque, en continuant d'être adoré de tous ses sujets, ferait luire sur la France cet astre radieux, que des nuages épais dérobent depuis long-tems à notre vue fatiguée des éclairs, qui ont allumé les foudres, excité les tempêtes qui ont ébranlé et frappé, de leurs éclats, les édifices les plus somptueux, et ont laissé par-tout des traces de leur ravage. Ce serait alors que les puissances de l'Europe, forcées de nous admirer et de louer la perfection des notre Gouvernement, s'empresseraient de nous imiter, et de nous citer comme de modèles qui surpasseraient ce que l'antiquité a produit de plus admirable, qu'elles graveraient au temple de mémoire le nom de ceux à qui l'état devrait son repos, son lustre, sa gloire et sa prospérité ; qu'on les citerait avec éloge comme ayant payé généreusement et gratuitement le tribut de leur dévouement à l'état ; c'est avec justice qu'ils mériteraient l'estime, la vénération de leur patrie, du Royaume et même du monde entier, qu'on répandrait sur leur tombe des fleurs et des larmes de reconnoissance ; que les étrangers s'empresseraient d'aller rendre à leurs cendres, ce tribut de vénération, qu'imprime la mémoire des hommes si précieux, et que la prospérité leur décernerait la glorieuse récompense de l'immortalité.

F I N.

A LONDRES,

Chez lechcım dnamra ollas senneravsed,

Hôtel de Calonne.

CPSIA information can be obtained at www.ICGtesting.com
Printed in the USA
BVOW07s1122010216

435000BV00016B/145/P